Patrycja Kasprzak

WiERSZYKi DLA DZiECi

Przedszkolaki rozrabiaki

SBM
WYDAWNICTWO

Teksty: Patrycja Kasprzak
Ilustracje, skład, okładka i przygotowanie do druku:
Maciej Maćkowiak

Korekta: Natalia Kawałko, Elżbieta Wójcik

Wydanie I

Wydrukowano w Polsce

Wydawnictwo SBM Sp. z o.o.
ul. Sułkowskiego 2/2
01-602 Warszawa
www.wydawnictwo-sbm.pl

Spis treści:

Draki

Przedszkolaki robią draki,
Bo przywilej mają taki.
I choć się dorośli złoszczą,
To czasami im zazdroszczą.

4

Bo, jak wiecie, nawet duży
Lubi skakać po kałuży
I zjeść wielką czekoladę
Albo słodką marmoladę,
Z klocków domek wybudować,
Czasem się do szafy schować.

A więc – pewnie wy nie wiecie –
Ale powiem wam w sekrecie,
Że dorośli marzą skrycie,
Aby też wieść takie życie.

5

Pan Hałasek

Pan Hałasek był w przedszkolu.
Mówił: – Głośniej krzyknij, Olu.
I namówił także Heńka,
Aby pograł na bębenkach.
Potem podszedł do Franciszka:
– Nie siedź jak cichutka myszka.
Drogi Franku, bądźże śmielszy,
Głosik masz najdonośniejszy.
Dołącz szybko do zabawy,
Narobimy dzisiaj wrzawy!

Pani zadziwiona stoi:
– Tak dzieciakom nie przystoi!
Czy to moje przedszkolaki?
Czy ktoś zrobił psikus taki?
Wezwał dzisiaj czarodzieja,
Co w urwisy dzieci zmienia?
Czy pan Hałas tutaj był?
Lepiej by się prędko skrył!
Pan Hałasek już nie czeka,
Do ogrodu im ucieka.

Dzieci w końcu się zmęczyły,
O leżaczkach zamarzyły.
Każdy poczuł się już źle
I dokładnie teraz wie,
Że Hałasek słuch nam psuje,
Męczy strasznie, denerwuje.

Wesoła pszczoła

Do przedszkola wpadła pszczoła,
Uśmiechnięta i wesoła.
Ma sukienkę krótką w paski,
Lubi rozgłos i oklaski.

Dobrze zdaje sobie sprawę,
Że w przedszkolu zyska sławę.
Z obu stron się prezentuje,
Skrzydełkami wymachuje.
Wszyscy pszczołę podziwiają,
Jej urodę wychwalają.
Ona chodzi w lewo, w prawo,
Dzieci klaszczą: brawo, brawo.
I wołają: – Proszę pani,
Czy zostanie pszczoła z nami?

Ale pani spoważniała
I tak dzieciom powiedziała:
– Ona was użądlić może,
Lepiej będzie jej na dworze.
Pani okno otworzyła,
Małą pszczółkę wypuściła.
– Niech się nikt z was już nie smuci,
Ona jutro tutaj wróci.

9

Zosia

Jest w przedszkolu naszym Zosia –
Nie ta znana wam Samosia,
Lecz dziewczynka całkiem inna –
Miła, dobra i uczynna.

Kiedy zbliża się śniadanie,
Ona przy stolikach stanie
I rozłoży talerzyki,
Masło, chlebek i nożyki.
Kiedy chłopiec jakiś bryka
I sprzątania wciąż unika,
Ona, choć jej nikt nie prosi,
Zabaweczki poodnosi.

A więc wierzcie mi na słowo
Albo ruszcie sami głową:
Gdyby wszyscy – duzi, mali –
Przykład z naszej Zosi brali,
Jak by się w przedszkolu żyło?
Czy nie lepiej by nam było?

Wąż przec

Martwił się raz tata wąż,
Bo narzekał synek wciąż,
Że mu obiad nie smakuje,
Że kolegów mu brakuje,
Że mu w domu nudą wieje
I że nic tu się nie dzieje.

szkolaczek

Szukał tata rozwiązania,
Bo miał dość już narzekania.
Aż mądrością się popisał –
Do przedszkola go zapisał.

Teraz wężyk mały, śmiały,
To przedszkolak doskonały.
Śpiewa, tańczy, bryka, ćwiczy,
Z kolegami do trzech liczy.
Zna kolory, zna figury
I nie w głowie mu są bzdury.
Jest szczęśliwy i radosny
Od jesieni aż do wiosny.

Jaś
u dentysty

Idzie Jasiek wystraszony
Do dentysty umówiony.
W zębach dziurek ma troszeczkę,
Bo gdzieś zgubił swą szczoteczkę,
Lecz nie myślał o próchnicy,
Trzymał sprawę w tajemnicy.
Teraz tego już żałuje,
Bo go ząbek boli, kłuje.
Zmieniłby to, gdyby mógł –
Już przychodni mija próg.

Pani ząbki wyleczyła,
Ale bardzo się zdziwiła,
Że choć Jaś jest taki mały,
Ząbki dużo dziurek miały.

Jaś obiecał się poprawić,
Swą niedbałość w kąt odstawić.
Pięknie pani podziękował,
Będzie ząbki już szorował.
Co dzień rano i wieczorem
Będzie grzecznych dzieci wzorem.

Janek

Był w przedszkolu mały Janek,
Co nieładne miał zwyczaje.
Ciągle dzieci bił, popychał,
Upomniany – tylko wzdychał.
Łamał normy i zasady,
Zawsze pierwszy był do zwady.

Dzieci tak się pogniewały,
Że już w grupie go nie chciały.
Płakał Janek
Cały ranek.

Do przedszkola lubił chodzić,
Nie mógł się więc z dziećmi zgodzić.
Lecz przemyślał sytuację,
Przyznał swym kolegom rację.
Postanowił: „Będę miły",
Więc mu dzieci wybaczyły.

17

Anna

Dziś opowiem wam o Annie,
Co biegała nieustannie
W szatni oraz w swojej sali,
Aż się wszyscy Ani bali.
Bo na dzieci wciąż wpadała
I zatrzymać się nie chciała.

Ale w końcu coś się stało,
Co Aneczkę zatrzymało.
Raz o stolik zahaczyła,
I się mocno uderzyła.
Teraz głośno płacze Ania,
Chyba dość już ma biegania.
Więc się raczej każdy zgodzi,
Że po sali trzeba chodzić.

Nasze ząbki

Gdy śniadanko już skończymy,
To się ładnie ustawimy
Po kolei, w równym rządku,
Bo nas czeka mycie ząbków.

A gdy pastę dostaniemy,
Pięknie zęby szorujemy.
Dookoła w obie strony
Każdy ząbek jest czyszczony.

A że o swe zdrowie dbamy,
To słodyczy unikamy.
Więc nie martwią się rodzice
O bakterie i próchnicę.

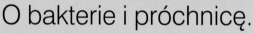

Wyjątkowy dzień

Idzie dziarskim krokiem Ola.
Czyżby szła dziś do przedszkola?
Tak odświętnie jest ubrana,
Przy niej dumnie kroczy mama.

Widzę także Elę, Basię,
Julkę, Franka, Maję, Kasię.
Wszyscy tacy wystrojeni,
Dumni, jacyś zamyśleni.
I wydają się dziś starsi,
Rozsądniejsi i dojrzalsi.

Uśmiech śle mi ruda Ania,
Dzisiaj dzień jest pasowania.
A wesołe te dzieciaki
Zmienią się dziś w przedszkolaki.

Franek
i bałwanek

Dzisiaj Ola, siostra Franka,
Chce ulepić tu bałwanka.
Potrzebuje kule dwie
I marchewkę – to się wie.

Ola lepi kulę pierwszą.
Minę ma nie najweselszą,
Bo brakuje Oli siły –
Małe rączki się zmęczyły.

Nagle się pojawił Franek,
Zaraz stanie tu bałwanek.
Sprawnie toczy pierwszą kulę
I nie męczy się w ogóle.

Olę duma więc rozpiera,
Widzi w bracie bohatera.
Tak jest urządzony świat,
Że pomaga siostrze brat.

Zabawki

Leży lalka na dywanie
I tak myśli: „Co się stanie?
Czemu dzieci mną rzuciły?
Przecież świetnie się bawiły.
Jeszcze wczoraj mnie karmiły
I w wózeczku przewoziły”.

Patrzy lalka dookoła:
Mina misia niewesoła.
Myśli sobie misiak mały:
„Czyżby dzieci mnie nie chciały?
Gdyby dobre serca miały
To by nas poukładały”.

Wchodzą dzieci do przedszkola.
Co się dzieje? Hola! Hola!
Lalki gdzieś pouciekały
Do pudełka się schowały.

Zza zamkniętych szczelnie drzwi
Mówi misio bardzo zły:
– Chcecie się znów z nami bawić?
To musicie się poprawić!

Asia

Asia była zawsze miła,
Ale myć się nie lubiła.
I mówiła: – O co chodzi?
Brud nikomu nie zaszkodzi!
O co tyle jest hałasu?
Ja nie lubię tracić czasu.
Zresztą ci, co się wciąż myją,
Od brudasów krócej żyją!

Asia brudny ma fartuszek,
Za nią leci stado muszek.
Rączki brudne, aż się kleją,
Koleżanki z niej się śmieją.
To już nie jest Asia mała:
Ona się prosiaczkiem stała!

Przykro Asi jest nie lada,
Więc się do łazienki skrada.
I zmieniła chyba zdanie,
Bo się kąpie w białej pianie.

29

Cykada

Cyka w trawie gdzieś cykada,
Mysz się do swej norki skrada,
A przez łąkę wieść się niesie,
Że się zbliża już pan Wrzesień.

To dopiero jest nowina:
Rok przedszkolny się zaczyna.
Znów się dużo nauczymy,
Pośpiewamy, potańczymy,
Panią naszą przywitamy
I przyjaciół swych spotkamy.
A więc dłużej nie zwlekajmy,
Do przedszkola już ruszajmy.

Magiczne miejsce

Za przedszkolem, wśród uliczek,
Znajdziesz miejsce tajemnicze.
Tu zapraszam wszystkie dzieci,
Tutaj miło czas ci zleci.

Spotkać można tu królową,
Smoka z przeogromną głową,
Krasnoludki, czarownice,
Statki, wilki, ośmiornice.

I na pewno, mój kolego,
Tutaj dowiesz się wszystkiego.
Tu na ciebie książka czeka,
Bo to przecież biblioteka!

Halinka i Wojtuś

Stoi Wojtuś z krzywą minką,
Bo pokłócił się z Halinką,
Gdy samochód mu zabrała,
A o zgodę nie spytała.

Lecz Halinka zawróciła,
Bo nie chciała być niemiła.
Smutno było jej na sali,
Gdy się Wojtek dąsał w dali.

Szybko chłopca przeprosiła,
Do zabawy zachęciła.
Potem, gdy ustały spory,
Zbudowali pociąg, tory.

I szczęśliwsze dzieci były,
Gdy tak zgodnie się bawiły.

35

Pan krokodyl

Drogi panie krokodylu!
Chciałbyś pływać w rzece, w Nilu,
Ale pływasz nieustannie,
W gęstej pianie, w mojej wannie.

I choć zęby ostre szczerzysz,
Powiem ci coś. Nie uwierzysz!
Czy nie przyszło ci do głowy,
Żeś krokodyl plastikowy?

Mała kucharka

Mała Maja to kucharka,
Klocki wkłada w mig do garnka.
Łyżką srebrną wymachuje
I dokładnie je gotuje.

By wystygły, sami wiecie,
Studzi je na parapecie.
Bo już węszy z pustym brzuszkiem
Piesek z naderwanym uszkiem.
Już czekają na obiadek
Lalka, kucyk i niedźwiadek.

Talerzyki, te różowe,
Do obiadu są gotowe.
Maja siada na dywanie,
Każdy porcję swą dostanie.

Babcia

Chętnie, tak jak każdy z nas,
Z moją babcią spędzam czas.
Lubię z babcią na spacerze –
Gdy z przedszkola mnie odbierze –
Lepić bałwankowe kule.
Z nią nie nudzę się w ogóle.

Lubię z babcią piec babeczki,
Szyć dla lalek sukieneczki,
Upleść z polnych kwiatów wianki,
Z plasteliny lepić dzbanki,
Robić z wełny śmieszne kapcie,
A najbardziej… lubię babcię.

Smutki

Jeśli smutno ci i źle,
To do mamy przytul się.
Z nią największe nawet smutki
Zamykają się na kłódki.

Kiedy mama cię przytula,
To smutkowi cierpnie skóra.
A więc uwierz mi, kochanie,
Z mamą nic ci się nie stanie.

43

Jaga

Gdy Baba-Jaga była malutka,
Lubiła chodzić w różowych butkach.
We włosy Jaga kokardę wplatała,
Dwoma susami na miotłę wsiadała.

Miała sukienkę krótką w krateczkę,
Mama jej do snu czytała bajeczkę.
Lubiła latać z ptakami po niebie,
Była troszeczkę podobna do ciebie.

I dodam jeszcze na koniec krótko:
Nie była Jagą, tylko Jagódką.

Rysunek
dla taty

Narysuję żółte słonko i promienie złote,
A pod spodem piękny kwiatek, taką mam ochotę.
Obok kwiatka barwny motyl ponad trawą lata.
A rysunek ten dostanie mój kochany tata.

Kto, jeśli nie dziadek?

Z kim pojeździsz na rowerze?
Kto na lody cię zabierze?
Kto opowie dawne dzieje?
Kto z twych żartów się pośmieje?
Kto przeczyta ci bajeczkę?
Weźmie latem na wycieczkę?
Jest odpowiedź na to prosta:
Dziadek tym zadaniom sprosta.

Na plaży

Tomek z Lilką to rodzeństwo.
Widać chyba podobieństwo?
Te sterczące ciemne włoski
I zadarte małe noski.

Dzisiaj razem są na plaży,
Wielki zamek im się marzy.
Każdy go zbudować może,
Ale tata im pomoże.

Najpierw górkę usypują,
Są zmęczeni, lecz pracują.
Kiedy górka jest w sam raz,
To zbudować baszty czas.
Tata zamek uklepuje,
Tomek dzielnie mu wtóruje.

Lilka chce zbudować bramę,
Do pomocy woła mamę.
Już za chwilę tutaj stanie
Zamek piękny niesłychanie.

Chcesz mieć pieska?

Chciałbyś pieska mieć, kolego?
A czy wiesz, jak dbać o niego?
Niech nie zdziwi cię nowina:
Zęby myje każda psina,
Co dzień musi spacerować,
Aby zdrowie swe zachować,
By załatwić swe potrzeby,
Nie napytać w domu biedy.

Piesek lubi też czesanie,
Cieszy się, gdy kość dostanie.
Jeśli jednak ci się znudzi
Albo w domu ci nabrudzi,
Nie odłożysz go na półkę
Tak jak misia czy szkatułkę.

Więc zastanów się nie raz,
Czy dla pieska znajdziesz czas!

Mali przyjaciele

Zosia rybki ma w akwarium,
Ewa myszkę w swym terrarium,
Karolina ma chomika,
Ania kotka, co wciąż fika.

A ja lubię moje szczury:
Jeden czarny, drugi bury.
Doskonale się wspinają
I ogonki długie mają.

Co dzień robią coś śmiesznego,
Skaczą jeden przez drugiego.
A choć może to niewiele,
Są to moi przyjaciele.

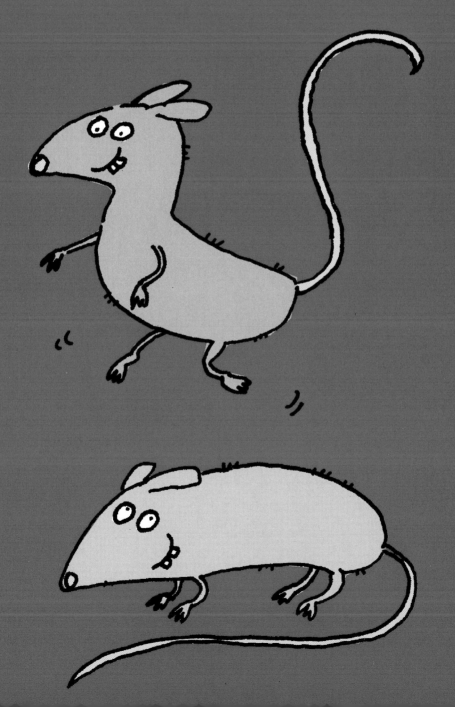

Ucieczka

W bibliotece dwie książeczki
Opuściły swe półeczki,
Bo ich dzieci nie czytały.
Książki ciągle w miejscu stały,
Ze zmartwienia – eh – wzdychały
I od kurzu wciąż kichały.

Ich przykładem, mogę przysiąc,
Poszło książek chyba z tysiąc.
Lepiej sprawdź, czy w twoim mieście
Książki są na półkach jeszcze.

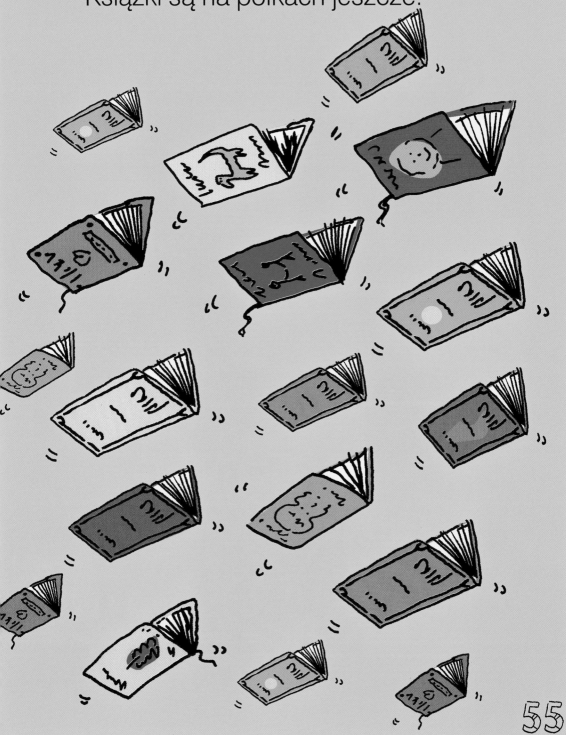

Pan Listopad

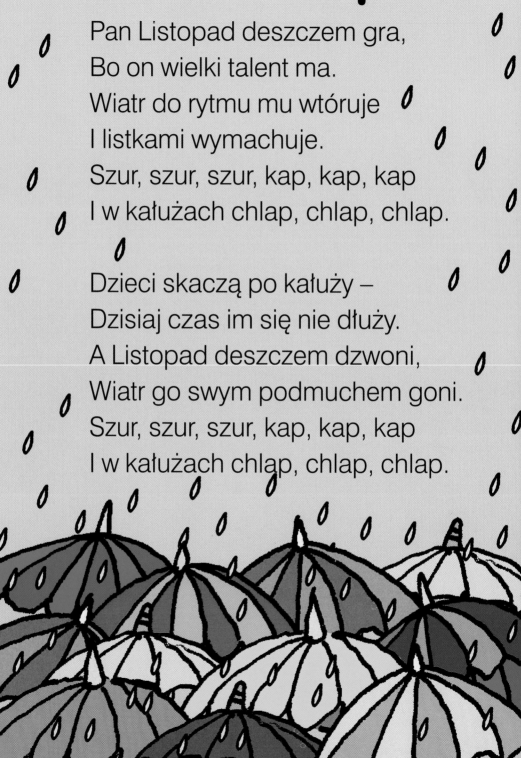

Pan Listopad deszczem gra,
Bo on wielki talent ma.
Wiatr do rytmu mu wtóruje
I listkami wymachuje.
Szur, szur, szur, kap, kap, kap
I w kałużach chlap, chlap, chlap.

Dzieci skaczą po kałuży –
Dzisiaj czas im się nie dłuży.
A Listopad deszczem dzwoni,
Wiatr go swym podmuchem goni.
Szur, szur, szur, kap, kap, kap
I w kałużach chlap, chlap, chlap.

Po chodniku płynie potok,
Niesie piasek oraz błoto.
Dzieci dziś kalosze włożą,
Błotny taniec zaraz stworzą.
Szur, szur, szur, kap, kap, kap
I w kałużach chlap, chlap, chlap.

List do pani Wiosny

Pani Wiosno, proszę cię,
Nie zabieraj zimy! Nie!
Bo chcę jeszcze wyjść na sanki,
I ulepić trzy bałwanki.

Chcę porzucać się śnieżkami
Z dziewczynkami, z chłopakami.
I na nartach zjeżdżać z górki,
Kiedy śnieżek leci z chmurki.

Chcę poślizgać się na lodzie
W śniegu, mrozie oraz chłodzie.
Więc poczekaj jeszcze chwilę!
Schowaj kwiaty i motyle!

Mała mama

– Mamo, ja bym wiedzieć chciała,
Czy ty kiedyś byłaś mała?
Prawdę powiedz: jeśli byłaś,
Co robiłaś? Co lubiłaś?

Czy lubiłaś rysowanie
I co jadłaś na śniadanie?
Jakie miałaś koleżanki?
Piłaś z kubka czy ze szklanki?

Czy bawiłaś się lalkami,
Może chętniej maskotkami?
Jakie puzzle układałaś
I co z klocków budowałaś?

Myślę sobie o tym nieraz,
Więc odpowiedz, proszę, teraz!

Zmartwienie taty

Tata piesek ma już dość,
Bo mu synek daje w kość:
Od szczekania raczej stroni,
Chętnie polną myszkę goni.

Nie pilnuje domu wcale,
Z kotem czuje się wspaniale.
Zamiast gonić Mruczka złego,
Bawi się z nim w chowanego.

Nic nie przyszło mu do głowy,
Poszedł więc do mądrej sowy.
Sowa głośno zahuczała,
Taką radę tacie dała:

– Jeśli kochasz synka swego,
Nie wymyślisz nic lepszego.
Weź do serca moje rady:
Zaakceptuj jego wady!

66